Nikolai Alexander Mader

Friedrich Thießen

Der Wert stilgeprägter Architektur

Zur monetären Bedeutung der Ästhetik von Immobilien und der Ästhetik im Städtebau

Marc Kocher, Etagenwohnhaus in Berlin-Weißensee, Friesickestraße/Streustraße

I. Einführung

In Alexander Mitscherlichs Buch über die „Unwirtlichkeit unserer Städte" wurde der Mangel von Stil im deutschen Städtebau gegeißelt. Über Stilfragen wird kontrovers diskutiert. Dies belegen nicht zuletzt die 260.000 Seiten, die Google findet, wenn die bekannte Stil-Metapher „Form follows Function" eingegeben wird.

1

Nun sieht sich die Immobilienbranche mit neuen Rahmendaten konfrontiert. Bisher existierte ein fast Jahrhunderte andauernder Überhang der Nachfrage nach Wohnraum über das Angebot und ermöglichte es, fast jeglichen Wohnraum zu vermarkten. Dies wird sich aufgrund der zu erwartenden demographischen Entwicklung ändern. Nach aktuellen Schätzungen wird sich die Zahl der Einwohner in Deutschland von 82 Mio. im Jahre 2005 auf 69 bis 74 Mio. im Jahre 2050 reduzieren. Es gibt bereits jetzt Regionen, die stagnierende Bevölkerungszahlen aufweisen oder schrumpfen – im Westen wie im Osten. Ein zu erwartender Angebotsüberhang eröffnet den Nachfragern von Wohnraum die Möglichkeit, wählerischer zu werden.

Mitscherlichs Kritik, aber auch die Kritik vieler anderer Autoren an der ästhetischen Gestaltung moderner Immobilien wirft in ökonomischer Hinsicht die Frage auf, inwiefern die ästhetische Gestaltung von Immobilien die Nachfrage beeinflussen kann. Diese Frage kann sowohl für Immobilien als Solitäre als auch für Immobilien im Stadtzusammenhang gestellt werden.

Für die Immobilienwirtschaft ist die Frage interessant: wie wertvoll ist der „richtige" Stil und wie sehr schadet der „falsche"? Hat ein vorteilhaftes Erscheinungsbild einen Wert, der die Kosten, die zur Realisierung des Stils aufgewandt werden müssen, übersteigt? Stimmt die Ansicht, dass Stilempfinden etwas Individuelles ist, so dass sich allgemeine Aussagen darüber verbieten? Oder unterliegt die Stilbewertung der Menschen allgemeingültigen Prinzipien derart, dass sich die Immobilienbranche darauf einstellen kann?

Im Rahmen einer empirischen Untersuchung am Lehrstuhl für Finanzwirtschaft der TU Chemnitz wurden diese Aspekte untersucht. Ausgangspunkt war die Frage, welchen Wert Stil in der Architektur einer Einzelimmobilie und einer Immobilie im städtebaulichen Zusammenhang besitzt.

Relevanz des Themas

Die Beantwortung der Frage nach dem Wert von Stil kann für unterschiedliche am deutschen Immobilienmarkt wichtige Gruppen relevant sein:

- Privaten Bauherren kann ein Hinweis auf eine vorteilhafte Gestaltung ihrer Immobilien gegeben werden, die den späteren Wiederverkaufswert ihrer Immobilie steigert.
- Für Vermieter ist es wichtig zu wissen, welche Gestaltungselemente einer Immobilie eine positive Zahlungsbereitschaft der Mieter auslösen bzw. die Wiedervermietbarkeit erhöhen.
- Dasselbe gilt für Bauträger, die einen Weiterverkauf von Immobilien beabsichtigen.
- Für die kommunale Stadtplanung ist es wichtig zu wissen, welche Gestaltungen von Immobilienkontexten bis hin zu ganzen Straßenräumen von den Nutzern vorteilhaft bewertet werden.

Im Folgenden wird zunächst der Stand der Literatur zum Wert von Stil beleuchtet. Dann wird die Vorgehensweise der eigenen Untersuchung vorgestellt. Im Anschluss werden die Ergebnisse der Untersuchung diskutiert. Eine Zusammenfassung der Ergebnisse und ableitbare Schlussfolgerungen beenden den Beitrag.

II. Stand der Literatur

In der wissenschaftlichen Literatur sind Untersuchungen zum *Wert* von Immobilien durchaus häufig anzutreffen. Dabei werden Fragen zur ästhetischen Gestaltung von Immobilien aber meist ausgeklammert. Fragen zur ästhetischen Gestaltung von Gebäuden im Kontext anderer Gebäude werden so gut wie nie behandelt. Unter den 20 am häufigsten untersuchten Einflussfaktoren auf den Wert von Immobilien befindet sich keiner, der sich auf die ästhetische Gestaltung der Immobilie bezieht.

Einige wenige Untersuchungen über den monetären Wert von Stil existieren gleichwohl. Eine Untersuchung von Asabere, Hachey und Grubaugh[1] aus dem Jahr 1989 in der Stadt Newburyport, einer Stadt mit 6500 großenteils älteren Gebäuden (19. Jh.) in einer begrenzten Anzahl klar abgrenzbarer Stile zeigte, dass Stil den Wert von Immobilien beeinflussen kann Häuser mit deutlich erkennbaren Stilrichtungen (insbes. Federal-, Victorian-, Garrison- und Colonial-Style) erzielten Preisaufschläge zwischen 14% und 21%.

Eine ähnliche Untersuchung stellten Moorhouse und Smith[2] 1994 für eine Siedlung mit 131 Reihenhäusern in Bostons South End vor. Die Häuser waren zwischen 1850 und 1872 errichtet worden und sind bis auf den Stil weitgehend gleichartig. Bezogen auf die damaligen Preise zeigten sich signifikante Preisaufschläge für Häuser im neogriechischen Stil und Abschläge für Häuser im Renaissance- und gotischen Stil. In Bezug auf einzelne Stilelemente konnten Wertaufschläge für Sandsteinkonstruktionen, gewölbte Fassaden, aufwendige Ornamentierung, Mansardendächer, Kuppeln und Ecksteine gefunden werden.

Eine Untersuchung von Hugh und Kratz[3] für Gewerbeimmobilien in Chicago von 1983 zeigte, dass Büroflächen in Immobilien, die für ihre ästhetische Excellenz ausgezeichnet worden waren, 22% höhere Mieteinnahmen ermöglichten. Dieses Ergebnis ist allerdings insofern kritisch zu bewerten, als in dieser und ähnlichen Untersuchungen die ästhetische Qualität der Immobilien meist mittels Architektenurteilen gemessen wird. Diesen Architektenurteilen können andere Erwägungen zugrunde liegen als den Nutzern von Immobilien, welche die Miet- und Kaufpreiszahlungen leisten. So schnitten bspw. neuere und höhere Gebäude in der Bewertung der Architekten durchwegs besser ab als ältere oder niedrigere.

Zusammenfassend ergibt sich: Die vorhandenen Untersuchungen zeigen, dass die ästhetische Gestaltung insbesondere bei Wohnimmobilien einen Einfluss auf den Wert von Immobilien haben kann und dass auch der Gebäudekontext einer Immobilie einen wertbeeinflussenden Faktor darstellen kann.

III. Vorgehensweise

Im Rahmen einer empirischen Untersuchung wurde eine Gruppe von 100 Personen befragt, die in einem umfangreichen Fragebogen Urteile über verschiedene ästhetische Gestaltungsmöglichkeiten von Immobilien abgeben mussten. Für jeweils ein Bau- bzw. Stilelement, das in verschiedenen Stilvarianten präsentiert wurde, mussten die Probanden zunächst die von

---

[1] vgl. Asabere, P. K. / Hachey, G. / Grubaugh, S. (1989), Architecture, Historic Zoning and the Value of Homes, in: Journal of Real Estate Finance and Economics, Jg. 2, Nr. 3, S. 181-195.
[2] vgl. Moorhouse, J. C. / Smith, M. S. (1994), The Market for Residential Architecture: 19th Century Row Houses in Boston's South End, in: Journal of Urban Economics, Jg. 35, Nr. 3, S. 267-277.
[3] vgl. Hough, D. E. / Kratz, C. G. (1983), Can "Good" Architecture Meet the Market Test?, in: Journal of Urban Economics, Jg. 14, Nr. 1, S. 40-54.

ihnen präferierte Variante benennen und anschließend ihre Bereitschaft beziffern, für diese präferierte Variante etwas zusätzlich im Vergleich zu einer einfachen, stilarmen Variante zu bezahlen. Die behandelten Stilelemente stammten aus den drei Perspektiven „im Gebäude" (z.B. Stuckverzierungen, Türklinken, Bodenbeläge), „am Gebäude" (z.B. Erker, Gauben, Flachdächer) und „im Gebäudekontext" (z.B. Abfolge von Häusern im Straßenraum, Straßengrün). Tab. 1 zeigt, welche Stilelemente in den genannten Perspektiven grundsätzlich zum Tragen kommen können.

Bereich Stilelemente im Gebäude
<u>Wand- und Deckenbereich:</u> Leisten, Sockel, Rahmen, Gesimse, Kehlen, Friese, Dekorelemente, Stuckelemente, Rosetten, Aufsatzelemente, Pilaster, Halbsäulen, Nischen, Konsolen, Oberflächenmaterialien und -strukturen, Tapeten, Stoffe, Farben, Kacheln, Wand- und Deckenmalereien, Deckenbilder, Vertäfelungen, Kassetten, Paneele
<u>Bodenbereich:</u> Fußbodenbeläge
<u>Fenster, Türen und Durchgänge:</u> Form, Anordnung, Größe, Material, Gestalt, Aufteilung, Ornamente, Beschläge, Rahmen, Laibungen, Fensterbänke, Stürze, Durchgangsrahmen
<u>Räumliche Struktur:</u> Grundriss, Höhe, Anordnung, Raumaufteilung, Proportion, Zuordnung, Bauweise
<u>Räumliche Formgebung:</u> Gewölbe, Schrägen, Öffnungen, Stufen, Treppen, Podeste
<u>Sonstige Elemente:</u> Säulen, Streben, Pfeiler, Gebälk, Statuen, Skulpturen, Geländer, Gitter, Balustraden, Kamine, Erker, Galerien, Art und Qualität der Materialien

Bereich Stilelemente am Gebäude
<u>Dachbereich:</u> Art und Material der Dachdeckung, Dachformen, Dachfenster, Vordächer, Regenrinnen, Wasserspeier, Dacherker, Dachhäuser, Attiken, Balustraden, Ziergiebel, Schornsteine, Aufbauten auf Flachdächern, Dachterrassen, Dachgärten, Pavillons, Kuppeln, Türmchen, Dach- und Giebelreiter, Laternen, Staffelgeschosse, Voluten
<u>Wandbereich:</u> Leisten, Sockel, Rahmen, Gesimse, Friese, Dekorelemente, Aufsatzelemente, Pilaster, Halbsäulen, Nischen, Konsolen, Oberflächenmaterialien und -strukturen, Farben, Kacheln, Wandmalereien, Art des Mauerwerkes, Mauerverbände, Verblender
<u>Fenster, Türen und Durchgänge:</u> Form, Anordnung, Größe, Material, Gestalt, Aufteilung, Ornamente, Beschläge, Rahmen, Laibungen, Außenfensterbänke, Stürze, Portale
<u>Anbauten:</u> Vorbauten, Fensterverdachungen, Terrassen, Loggien, Außenkanzeln, Balkone, Erker, Türmchen, Treppen, Stufen, Regenrinnenanlagen
<u>Baukörper:</u> Höhe, Struktur, Proportion, Grundriss
<u>Räumliche Formgebung:</u> Schrägen, Öffnungen, Bögen, Arkaden
<u>Sonstige Elemente:</u> Säulen, Streben, Pfeiler, Gebälk, Statuen, Skulpturen, Geländer, Gitter, Zieranker, Balustraden, Art und Qualität der Materialien, Bauweise

Bereich Stilelemente im Gebäudekontext
<u>im unbebauten Bereich:</u> Struktur des unbebauten Bereichs (Gliederung in bepflanzte Flächen, Wege u.a.), Bepflanzung (bspw. Hecken, Beete), gebaute Elemente (bspw. Begrenzungen, Wege, Säulen, Pavillons), Begrenzungen (bspw. Mauern, Zäune und Tore), Mobiliar (bspw. Bänke und Brunnen), Wasseranlagen (bspw. Brunnen, Teiche), Materialauswahl (bspw. Beläge der Wege, Material des Mobiliars)
<u>im Straßenraumbereich:</u> Struktur des Straßenraumes (Größe des Straßenraumbereichs, Straßenführung, Aufteilung, Parkmöglichkeiten, Verkehrsinseln), Bepflanzung im Straßenraum, Stadtmobiliar (bspw. Bänke, Straßenbeleuchtungen, Papierkörbe), Kunstobjekte (bspw. Statuen, Denkmäler), Materialauswahl (bspw. Beläge der Verkehrswege, Material des Mobiliars)
<u>Beziehung der Bauten zueinander:</u> Homogenität der Bebauung, die sich in der Gleichartigkeit von Gebäuden hinsichtlich bestimmter gestalterischer Elemente ausdrückt.

Tab. 1: Stilelemente der drei Perspektiven

Die Vielzahl der Elemente konnte in einer einzigen Befragung natürlich nicht vollständig berücksichtigt werden, da die Befragung sonst für die Probanden unzumutbar lange gedauert hätte. Es wurden deshalb 36 Stilelemente herausgegriffen. Tab. 2 nennt die ausgewählten Stilelemente.

Bereich	Element	Anzahl der Fragen
Stilelemente „im Gebäude"		
Wand- und Deckenbereich	Stuckleisten	1
	Stuckrosetten	1
	Sockelleisten	1
	Wandgestaltung	3
	Säulen, Halbsäulen	1
Bodenbereich	Bodenbelag	2
Fenster, Türen, Durchgänge	Türgestaltung	1
	Türgriff, -beschlag	1
	Fensteraufteilung	1
	Fenstergriff, -beschlag	1
	Durchgangsrahmen	1
Räumliche Struktur	Raumhöhe	1
Sonstige Elemente	Kamin	1
Gesamt		**16**
Stilelemente „am Gebäude"		
Dachbereich	Dachform	3
	Art und Material der Dachdeckung	1
	Dachhäuser	2
Wandbereich	Fassadengestaltung	4
	Fassadenoberfläche	1
Fenster, Türen, Durchgänge	Türrahmen	1
	Fenstertür	1
	Eingangsportal	1
	Eingangstür	3
	Haustürknauf	1
	Fensterrahmen	2
	Fensteraufteilung	2
Anbauten	Außentreppe	1
	Balkongestaltung	1
	Gestaltung durch Balkonanbau	1
Sonstige Elemente	Erker	1
Gesamt		**26**
Stilelemente „im Gebäudekontext"		
Dachbereich	Pavillon	1
	Einzäunung	1
	Tor	1
	Gehwegbelag	2
Im Straßenraumbereich	Begrünung	4
	Straßenmöblierung	1
Beziehung der Bauten zueinander	Homogenität	20
Gesamt		**30**
Gesamt über alle Stilperspektiven		**72**

Tab. 2: Stilelemente der Untersuchung

Die Art der Befragung wird aus Abb. 1 ersichtlich. Die Probanden hatten für das jeweils betrachtete Stilelement (hier ein bodentiefes Fenster) aus den verschiedenen Stilvarianten oder der Variante „ist mir egal" die präferierte Variante auszuwählen. Zusätzlich musste die Zahlungsbereitschaft beziffert werden, die präferierte Variante statt der einfachen, stilarm gestalteten Variante A zu erhalten. Mit dieser Versuchsanordnung lassen sich neben vielen weiteren insbesondere folgende Hypothesen testen:

- Wäre der Stil ein *irrelevanter* Faktor, müsste überwiegend Variante E („Die Varianten sind mir egal, ich zahle auch nichts zusätzlich.") gewählt werden.
- Wäre das Stilempfinden ein rein *individueller* Faktor ohne gesellschaftlichen Bezug, müsste sich eine Gleichverteilung von Antworten über alle Varianten ergeben.

Tatsächlich aber, dies sei vorweggenommen, ergibt sich eine hochsignifikante Präferenz für bestimmte Varianten (in diesem Fall C und D) mit einer Zahlungsbereitschaft, die teils deutlich über den Mehrkosten der gewählten Stilelemente liegt.

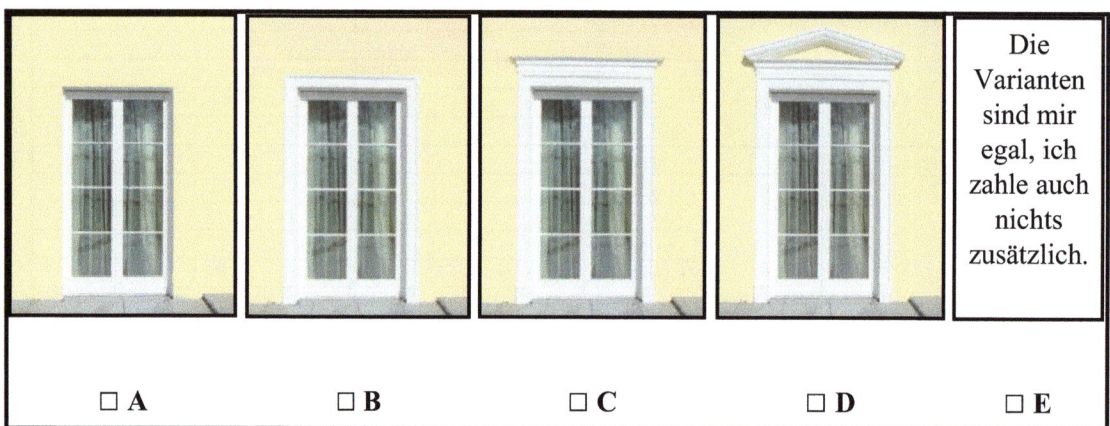

Abb. 1: Aufbau der Fragen – Beispiel

Die Auswahl der Probanden erfolgte nach dem Quotenverfahren. Bei diesem Verfahren wird die Gruppe der Probanden hinsichtlich mehrerer Merkmale so ausgewählt, dass die Gruppenstruktur der Struktur der Gesamtbevölkerung in Bezug auf diese Merkmale entspricht. Als Quotenmerkmale wurden Einkommen und Alter gewählt. Die Bevölkerungsstruktur wurde dem Mikrozensus von 2006 entnommen. Personen unter 25 Jahren wurden nicht einbezogen. Insgesamt wurden 100 Personen befragt. Es wurden 72 Auswahlentscheidungen vorgelegt. Die Bearbeitung des Fragebogens dauerte etwa eine dreiviertel Stunde.

IV. Empirische Ergebnisse

IV.1 Ist Stil ein irrelevanter Faktor?

Betrachten wir zunächst die oben aufgeworfene Frage, *ob* Stil einen irrelevanten Faktor darstellt. Dann hätten die Probanden bei den Auswahlentscheidungen überwiegend die Auswahl „ist mir egal" treffen müssen. Dies ist jedoch nicht der Fall. Bei 7.200 Auswahlentscheidungen (100 Probanden x 72 Entscheidungen) lehnten die Probanden die Antwort „Stil ist mir egal" in der Perspektive „im Gebäude" in 97,4%, in der Perspektive „am Gebäude" in 96,8% und in der Perspektive des Gebäudekontextes in 96,1% aller Entscheidungsfälle ab. Dabei gibt es keine einzige Person, die sich nicht wenigstens in der Mehrzahl der Entscheidungsfälle für einen bestimmten Stil entschied.

Im Folgenden wird betrachtet, inwiefern die Präferenz von Gestaltungsreichtum von persönlichen Faktoren abhängt:

- *Einkommen* – Es wurden nach dem persönlichen Nettoeinkommen drei Einkommensgruppen gebildet (< 900 Euro, $900 - 1500$ Euro, > 1500 Euro). Es stellte sich heraus, dass die Präferenz von Gestaltungsreichtum in allen Einkommensschichten hochsignifikant ist ($p < 0{,}000$). Zwischen den Einkommensgruppen konnten keine signifikanten Unterschiede festgestellt werden. Dieses Ergebnis ist insofern interessant, als man auf Basis von Bedürfnisrangfolgen (z.B. Maslows Bedürfnispyramide) auf geringere Stilpräferenzen bei unteren Einkommensgruppen hätte schließen können. Dies ist aber nicht der Fall.

- *Alter* – Es wurden drei Altersgruppen gebildet ($25 - 40$ Jahre, $40 - 55$ Jahre und > 55 Jahre). Wie beim Einkommen stellte sich heraus, dass die Stilpräferenz in allen Gruppen hochsignifikant ist ($p < 0{,}000$) und keine signifikanten Unterschiede zwischen den Gruppen bestehen ($p < 0{,}05$).

- *Geschlecht* – Auch in Bezug auf das Geschlecht ließen sich keine signifikanten Unterschiede in der Stilpräferenz erkennen.

- *Bildungsabschluss* – Die Probanden wurden nach ihren höchsten Bildungsabschlüssen getrennt untersucht. Es wurde zwischen Hauptschulabschluss, Realschulabschluss, Abitur und Hochschulabschluss unterschieden. Wie zuvor ergaben sich keine signifikanten Unterschiede zwischen den Gruppen.

- *Weitere Segmentierungen* – Unter den Probanden befanden sich auch drei Obdachlose. Auch diese wiesen keine andere Stilpräferenz auf als die übrigen Befragten. Weiter befanden sich unter den Probanden fünf Personen, die beruflich aus der Immobilienbranche stammten (Architekten, Bauingenieure). Diese Personen wiesen keine statistisch signifikant anderen Präferenzen als der Rest der Probanden auf. Schließlich wurden zusätzlich zu den 100 Befragten noch fünf Kinder im Alter zwischen 8 und 12 Jahren befragt. Auch diese Kinder lehnten die Variante „Stil ist mir egal" signifikant häufig ab. Es ergab sich eine leicht, aber insignifikante verringerte Präferenz für gestaltungsreichere Varianten.

Zusammenfassend lässt sich feststellen, dass ein Bedürfnis nach „mehr" Stil, d.h. nach gestaltungsreichen, ästhetischen Bauelementen besteht und in allen betrachteten Teilgruppen signifikant vorhanden ist. Das Bedürfnis nach Stil ist bei allen Menschen mit ganz wenigen Ausnahmen ähnlich stark ausgeprägt und scheint ein wesensinvariantes Merkmal zu sein.

IV.2 Welche Stilvarianten werden bevorzugt?

Im Folgenden wird gezeigt, *wie* die ästhetischen Lösungen aussehen, welche die Menschen präferieren. Dabei ist zu beachten, dass in der Untersuchung nicht die absolut besten Lösungen gesucht werden konnten, sondern nur Stilvarianten, die relativ zu anderen präferiert werden. Leider reicht der verfügbare Platz nicht aus, alle betrachteten Stilelemente hier vorzustellen. Die vollständige Liste kann der oben genannten Untersuchung entnommen werden.

IV.2.1 Perspektive „im Gebäude"

Für die Perspektive „im Gebäude" werden im Folgenden beispielhaft ein Durchgangsrahmen und eine Fenstergestaltung aus Innensicht diskutiert. Die beiden Bildzeilen der Abb. 2 zeigen die zur Auswahl gestellten Varianten. Die Zahlenangaben geben den Prozentsatz der Befragten an, der sich für die darüber abgebildete Variante entschieden hat.

Deutlich zu erkennen ist an beiden Fällen, dass sich die Probanden den gestaltungsreicheren Stilvarianten zuwenden. Bei dem Durchgangsrahmen wählen 46% der Probanden Variante B, 38% Variante D und 14% Variante C. Nur 1% wählt die gestaltungslose bzw. -arme Variante A. Auf diese Variante würde das Credo „Form follows Function" sicherlich noch am ehesten passen, was zeigt, wie deplaziert die unkritische Verwendung dieser Formel ist. 1% der Probanden wählte die Variante „ist mir egal".

Bei der *Fenstergestaltung* ergibt sich ein ganz ähnliches Bild. Das Gros der Befragten wählt gestaltungsreichere Varianten. Dabei gibt es bei den meisten betrachteten Stilelementen nicht eine einzige von allen Probanden einheitlich präferierte Lösung (siehe zweite Bildzeile der Abb. 2). Es ist aber auch nicht so, dass die präferierten Lösungen gleichverteilt über alle Varianten lägen. Deutliche Schwerpunkte sind zu erkennen, denn die Wünsche konzentrieren sich bei ganz wenigen Lösungen. Dies zeigt, dass Stilempfinden viel weniger etwas Individuelles ist, als es oft behauptet wird. Die Klumpungen bei bestimmten Stilvarianten deuten an, dass Stilempfinden ein gesamtgesellschaftliches Phänomen ist. Dies ist vorteilhaft für die Bauwirtschaft, denn es ermöglicht Segmentierung und standardisierte Lösungen.

Zusammengenommen zeigen die Antworten, wie stark das Bedürfnis nach stilvoller Gestaltung ausgeprägt ist. Ein einfaches Loch in der Wand, um hindurchzugehen, und eine Glasscheibe, um nach draußen zu sehen, reichen nicht. Es wird aber auch nicht immer und per se die „üppigste" Ausgestaltungsform präferiert, vielmehr differenzieren die Probanden stark und lassen eine Art „Optimum" der Gestaltungsopulenz erkennen.

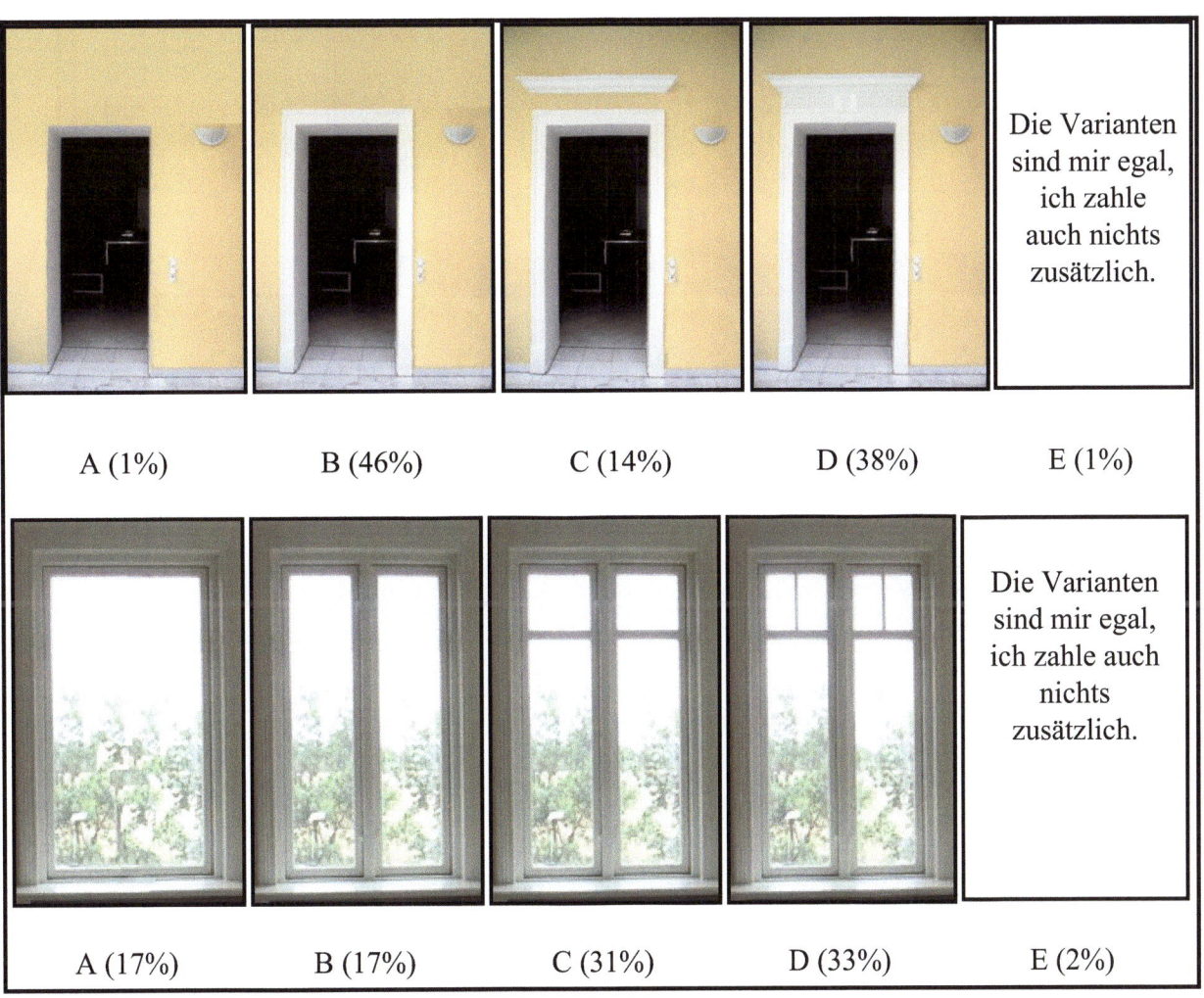

| A (1%) | B (46%) | C (14%) | D (38%) | E (1%) |

| A (17%) | B (17%) | C (31%) | D (33%) | E (2%) |

Abb. 2: Stilelement „im Gebäude" – Durchgangsrahmen und Fenstergestaltung

IV.2.2 Perspektive „am Gebäude"

Welche Präferenzen zeigen sich in der Perspektive „am Gebäude"? In dieser Perspektive werden Stilelemente behandelt, welche die Außensicht eines Gebäudes beeinflussen. Abgefragt wurden Stilelemente wie Fassadengestaltungen, Dachformen, Tür- und Fensterformen, Balkone, Erker, Außentreppen etc. (s. Tab. 2).

Wie in der Perspektive „im Gebäude" müssen wir uns hier auf die Darlegung einiger weniger beispielhafter Fälle beschränken.

Dachgestaltungen

Die ersten vier hier behandelten Beispiele betreffen Gestaltungen von Dächern (s. Abb. 3). Deutlich zu erkennen ist die Präferenz für eine aufgelockerte Gestaltung, die den Dächern bzw. den Gebäuden insgesamt die Strenge nimmt. Eintönige Flächen sollen vermieden werden. Flachdächer werden abgelehnt. Aufgelockerte, durch architektonische Elemente belebte Dachflächen werden bevorzugt.

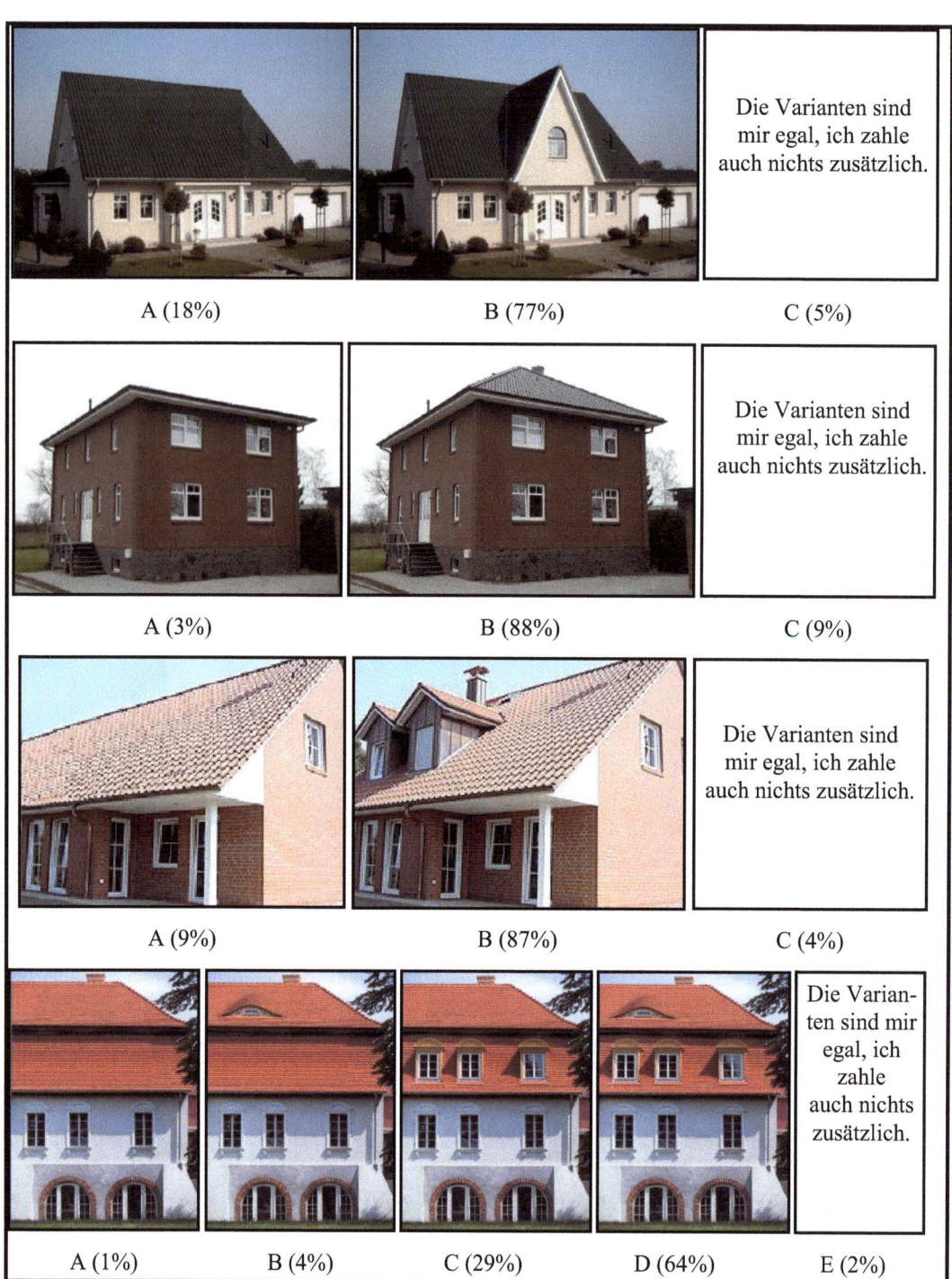

A (18%) B (77%) C (5%) Die Varianten sind mir egal, ich zahle auch nichts zusätzlich.

A (3%) B (88%) C (9%) Die Varianten sind mir egal, ich zahle auch nichts zusätzlich.

A (9%) B (87%) C (4%) Die Varianten sind mir egal, ich zahle auch nichts zusätzlich.

A (1%) B (4%) C (29%) D (64%) E (2%) Die Varianten sind mir egal, ich zahle auch nichts zusätzlich.

Abb. 3: Stilelement „am Gebäude" – Dächer

Bei Dachgestaltungen handelt es sich naturgemäß um relativ teure Bauelemente. Im Vorgriff auf die Diskussion der Zahlungsbereitschaft weiter unten sei erwähnt, dass etwa die Hälfte der Probanden die von ihnen präferierten Lösungen bezahlen können (bzw. wollen). Weitere wollen Beiträge leisten, die leicht unter den Kosten liegen. Gar keine Zahlungsbereitschaft für die von ihnen präferierten Lösungen weisen nur wenige Probanden auf.

Insgesamt ergibt sich, dass die Bauwirtschaft aufgerufen ist, preisgünstige standardisierte Lösungen für die präferierten ästhetischen Gestaltungsformen zu entwickeln. Den Architekten müssten komplette Module angeboten werden, um den Aufwand bei Planung und Durchführung zu reduzieren.

Fassadengestaltungen

Wenden wir uns der Gestaltung von Fassaden zu. Die Untersuchung ergab einen hochsignifikanten Wunsch nach aufgelockerter, ästhetischer Fassadengestaltung. Abb. 4 gibt für einige Beispiele wieder die Verteilung der Präferenzen an; für die jeweils meistpräferierte Variante wurde zusätzlich der Anteil „profitabler" Probanden ermittelt, bei denen die Zahlungsbereitschaften die Kosten übersteigen. Ähnlich wie bei den Dächern werden ungestaltete, nackte Flächen abgelehnt. Da Fassadengestaltungen keinerlei Funktion außer der zu gefallen aufweisen, wird in dieser Präferenz der tief sitzende Wunsch der Menschen nach ästhetischer Gestaltung von Flächen deutlich.

Vergleicht man diesen Wunsch mit der vorhandenen Gebäudestruktur, wird deutlich, wie sehr in der Vergangenheit Teile der Bauwirtschaft die Menschen mit ungestalteten Bauwerken „vergewaltigt" haben und an ihren wahren Wünschen vorbei agierten. Im Regelfall entscheiden sich weniger als 5% der Nutzer von Immobilien für die einfachen und ungestalteten Baulösungen, die in vielen deutschen Städten dominieren.

Wieder ist die Frage zu stellen, wie es mit der Zahlungsbereitschaft der Nutzer für die präferierten Lösungen aussieht? Hier ergibt sich, dass die Zahlungsbereitschaft vergleichsweise hoch ist. Die Menschen sind bereit, für stilvolle Fassaden Geld auszugeben, sodass ihren Wünschen in vielen Fällen nachgekommen werden kann. Im zweiten Beispiel in Abb. 4 können bspw. von denjenigen Probanden, die sich für die meistpräferierte Variante C entschieden haben, über 85% mit der von ihnen präferierten Fassadengestaltung bedient werden. Die deutschen Städte und Vorstädte sehen im Mittel aber nicht so aus. Warum negiert die Bauwirtschaft die Möglichkeiten? Ist das Wissen um die Bedürfnisse nach Stil so zurückgegangen, dass keine Abwägung mehr stattfindet? Das städtebauliche Bild deutscher Städte ist sicherlich zu erheblichen Teilen von der Notwendigkeit der Nachkriegsjahre, großen Bevölkerungsteilen in kurzer Zeit ein „Dach über den Kopf" zu schaffen, geprägt. Möglicherweise dominiert auch heute noch ein auf die „Dach über dem Kopf"-Funktion ausgerichtetes, standardisiertes Vorgehen bei der Schaffung von Wohnraum, obwohl sich die Rahmenbedingungen zwischenzeitlich erheblich geändert haben.

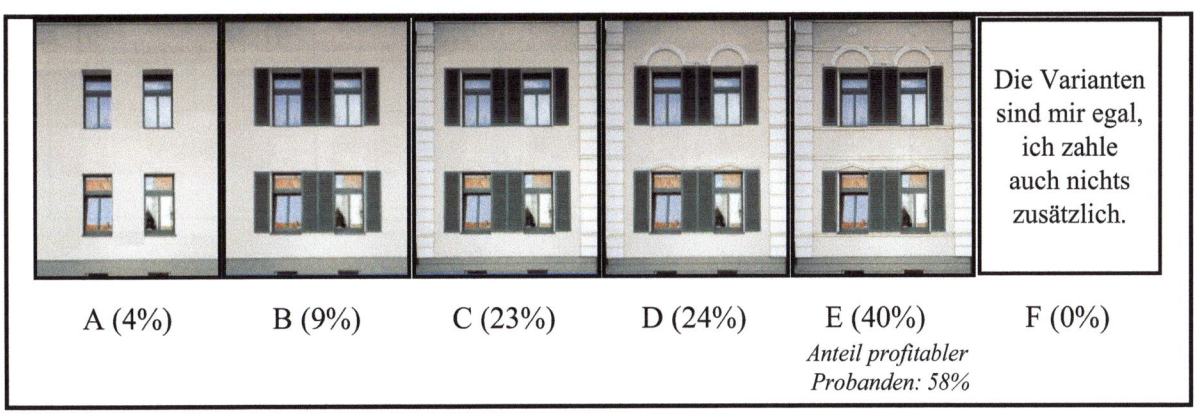

A (4%) B (9%) C (23%) D (24%) E (40%) F (0%)

Anteil profitabler Probanden: 58%

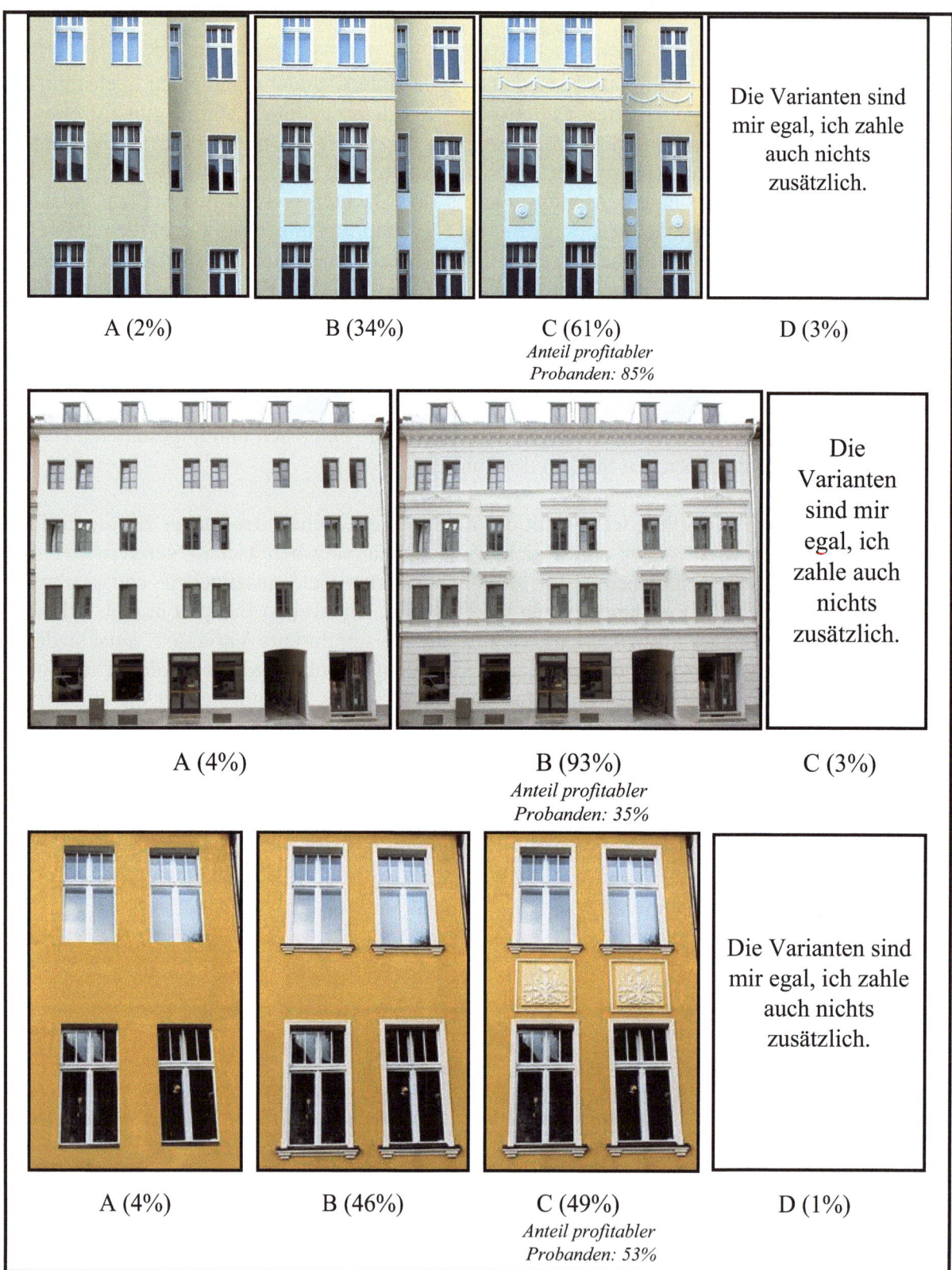

A (2%)   B (34%)   C (61%)   D (3%)

Die Varianten sind mir egal, ich zahle auch nichts zusätzlich.

Anteil profitabler Probanden: 85%

A (4%)   B (93%)   C (3%)

Die Varianten sind mir egal, ich zahle auch nichts zusätzlich.

Anteil profitabler Probanden: 35%

A (4%)   B (46%)   C (49%)   D (1%)

Die Varianten sind mir egal, ich zahle auch nichts zusätzlich.

Anteil profitabler Probanden: 53%

12

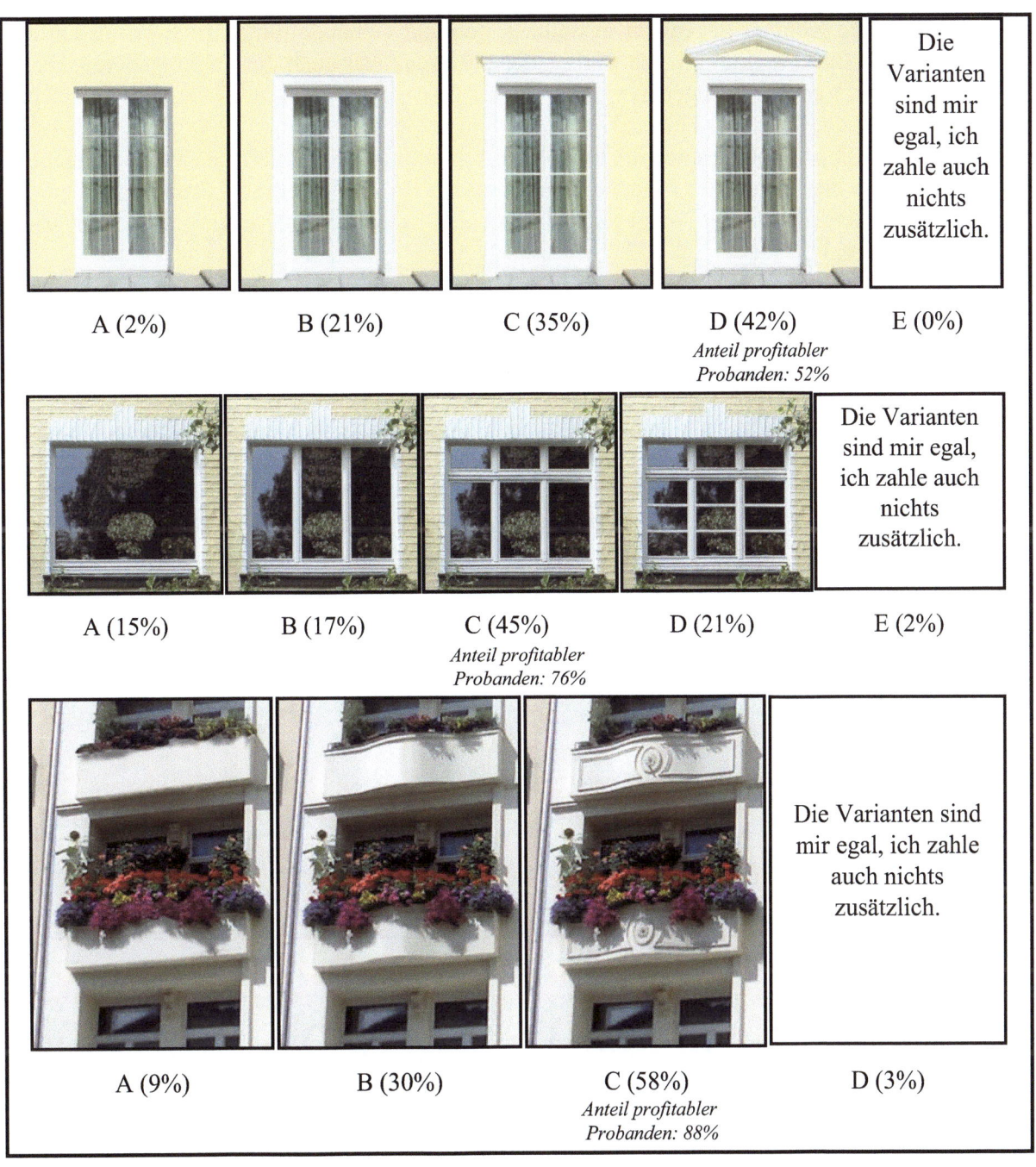

A (2%)   B (21%)   C (35%)   D (42%)   E (0%)

Die Varianten sind mir egal, ich zahle auch nichts zusätzlich.

Anteil profitabler Probanden: 52%

A (15%)   B (17%)   C (45%)   D (21%)   E (2%)

Die Varianten sind mir egal, ich zahle auch nichts zusätzlich.

Anteil profitabler Probanden: 76%

A (9%)   B (30%)   C (58%)   D (3%)

Die Varianten sind mir egal, ich zahle auch nichts zusätzlich.

Anteil profitabler Probanden: 88%

Abb. 4: Stilelemente „am Gebäude" – Fassaden- und Fenstergestaltungen

IV.2.3 Perspektive „im Gebäudekontext"

Wenden wir uns nun dem Bereich der Gestaltung von Immobilien im Gebäudekontext zu. 20 Fragen in diesem Bereich zielten auf die Homogenität oder Heterogenität der Bebauung ab. Weitere Fragen betrafen Grundstückseinzäunungen, Gehwegsbeläge, Straßenraumbegrünungen und Straßenmöblierungen mit Bänken etc.

Aufgrund ihrer besonderen Bedeutung für die Immobilienwirtschaft im Zusammenhang mit der Lageattraktivität sollen im Folgenden nur die Fragen zur Homogenität des Straßenraumbildes behandelt werden. Die Darstellungen beziehen sich daher auf den Ausblick aus einer fiktiv bewohnten Wohnung. Dabei wurde immer ein homogener Gebäudekontext einem weniger homogenen Kontext gegenüber gestellt, in dem ein Gebäude hinsichtlich Form, Farbe, Massigkeit und Baucharakter abwich. Neben der Präferenz war auch die Zahlungsbereitschaft für die gewählte Variante anzugeben.

Die folgende Abb. 5 gibt beispielhaft Entscheidungssituationen wieder. Die Prozentangaben geben wie oben den Anteil der Probanden an, der sich für die jeweilige Lösung entscheidet. Die Differenz der Summe der Angaben zu 100 ist der Anteil der Probanden, die geantwortet haben „ist mir egal".

Abb. 5: Homogenität der Bebauung – Beispiele

Was zeigt Abb. 5? Jeweils eine Lösung wird mit überwältigender Mehrheit präferiert. Die präferierten Lösungen zeichnen sich durch ein wesentlich höheres Maß an stilbedingter Homogenität aus als die abgelehnten Lösungen. Die Fälle machen deutlich, dass in hohem Maße ein homogenes Stadtbild gewünscht wird. Wenn, wie im letzten Beispiel in Abb. 5 der Fall, das „störende" Haus auch noch größer bzw. massiger ist als die anderen, ist die Ablehnung besonders groß.

Die folgenden Fälle (Abb. 6) kommen der Art nach in Deutschland häufig vor. Zu sehen sind im Prinzip homogene Bausituationen, die aber unfertig geblieben sind. Solche Situationen entstanden in Deutschland in der ersten Hälfte des Jahrhunderts durch die Kriege und die Wirtschaftskrise. Die Baulücken wurden Jahre oder Jahrzehnte später durch Gebäude geschlossen, die oft einen ganz anderen Stil aufwiesen.

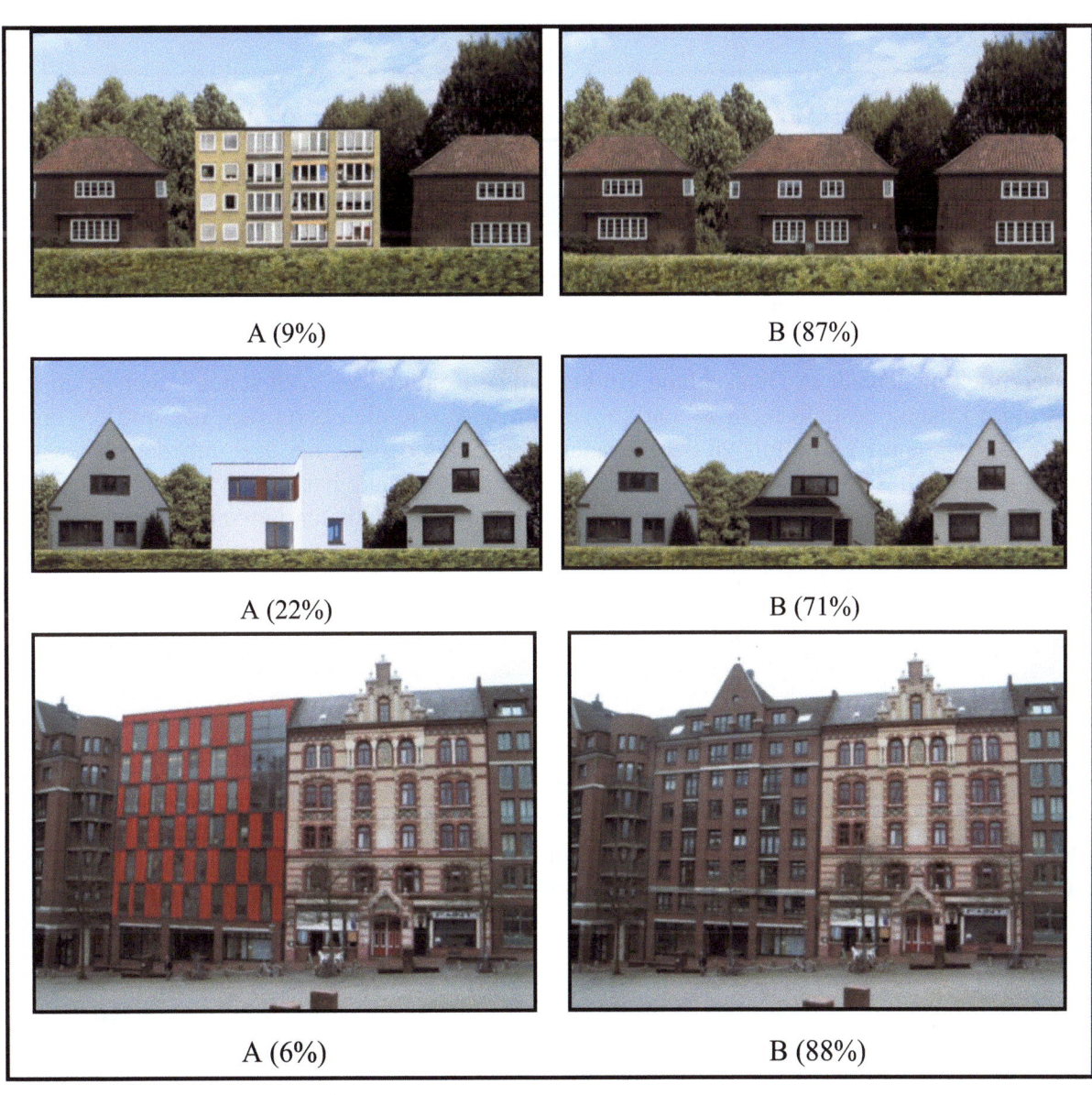

A (9%)　　　　　　　　　　B (87%)

A (22%)　　　　　　　　　　B (71%)

A (6%)　　　　　　　　　　B (88%)

| A (16%) | B (76%) |

Abb. 6: Homogenität der Bebauung – Baulücken

Deutlich wird die hohe Präferenz der Entscheider für die Herstellung von Homogenität. Dass im zweiten Fall in Abb. 6 die Zustimmung zur inhomogenen Lösung höher ist als im ersten Fall, könnte an der (geachteten) Bauhausarchitektur des mittleren Gebäudes liegen. Die Bauhausarchitektur genießt in Deutschland ein besonders Renommee. Wahrscheinlicher ist aber, dass diese Lösung deshalb nicht so stark abgelehnt wird wie die obere, weil das mittlere und „störende" Haus im Verhältnis zu den benachbarten Gebäuden kleiner und unbedeutender ist als im ersten Fall. Die Größe bzw. Massigkeit störender Gebäude hat sich in unserer Untersuchung als ganz entscheidender Faktor bei der Ablehnung von Bausituationen erwiesen.

Angesichts der in den bisherigen Beispielen zu erkennenden Präferenz der Entscheider für Immobilien mit älteren Baustilen ist zu fragen, ob darin eine generelle Ablehnung moderner Baustile zum Ausdruck kommt?

Das erste Beispiel der Abb. 7 zeigt, dass moderne Baustile nicht generell abgelehnt werden. Auch die in der inhomogenen Situation (links) im ersten Beispiel dominierende Gebäudeart wird nicht generell abgelehnt, wie das zweite Beispiel zeigt. Es ist der Wunsch nach homogenen Bausituationen, welche die Urteile bestimmen. Es scheint keinen Widerstand gegen die Moderne im Allgemeinen zu geben, sondern ein Suchen nach Ausgewogenheit und Harmonie.

| A (11%) | B (80%) |

Abb. 7: Homogenität und Stilrichtungen

Zuletzt seien hier noch die Untersuchungsergebnisse zum speziellen Fall verfallender oder verfallener Bausubstanz dargestellt. In der Literatur finden sich Hinweise darauf, dass Immobilien in der Nähe von Sanierungsfällen Wertminderungen erleiden. Dieser Effekt lässt sich auch in unserer Studie erkennen:

Abb. 8: Homogenität der Bebauung – Sanierungsfälle

Das Maß an Ablehnung der linken Bausituation in Abb. 8 ist besonders hoch. D.h. Immobilienbesitzer, die ihre Immobilien nicht pflegen, schaden den Immobilienbesitzern der Umgebung – sogar denen, die nicht unmittelbar angrenzen, sondern lediglich ihren (Aus-)Blick auf die Sanierungsfälle haben. Dieses Phänomen kann insbesondere in Regionen mit schrumpfender Bevölkerung ein Problem sein, wo der Niedergang ganzer Viertel durch unbedeutende Anfangsereignisse ausgelöst werden könnte. Städte müssen durch geschicktes Quartiermanagement dem entgegenwirken und auch den Mut haben, diejenigen Viertel, in denen Schrumpfungstendenzen akzeptiert werden, als solche auszuweisen.

IV.3 Präferierte Baustile

Die bisherigen Entscheidungsfälle ließen noch nicht erkennen, ob die Menschen bestimmte Baustile anderen gegenüber bevorzugen. Es wurde deshalb gefragt, welche Baustile den Probanden am meisten zusagen. Dabei wurden die Probanden getrennt befragt zu:

- Wohnanlagen,
- Mehrfamilienhäusern und
- Einfamilienhäusern.

Dazu wurden Bilder typischer Bauten in acht unterschiedlichen Architekturtrends der Gegenwart vorgelegt und um Nennung der präferierten Variante gebeten. Die nachfolgend abgebildete Graphik 1 zeigt die Ergebnisse. Die Graphik zeigt die Anzahl der Probanden, die einen bestimmten Stil bevorzugten:

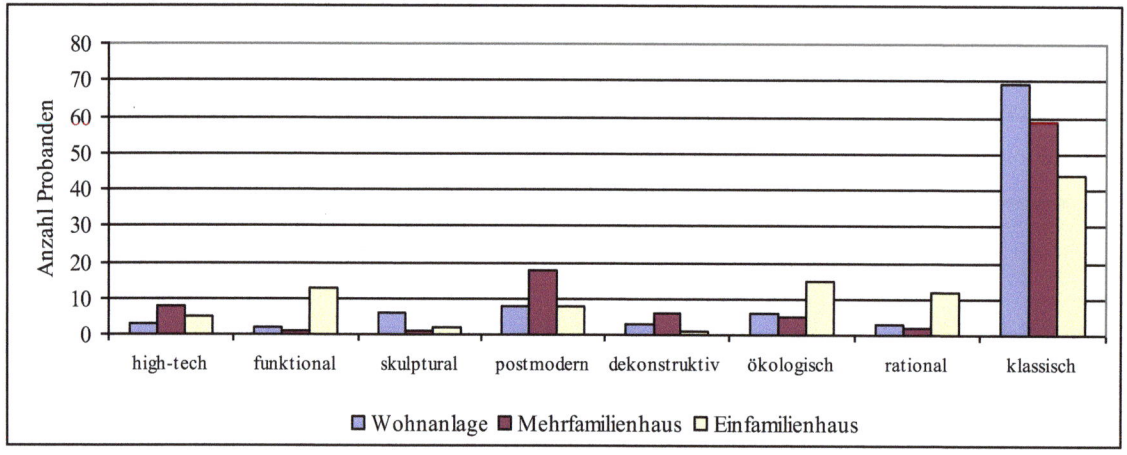

Graphik 1: Beliebtheit unterschiedlicher Architekturtrends nach Wohngebäudetypen

Am beliebtesten ist der klassische Stil. Dies gilt umso mehr, je größer die Baumassen sind, über die zu entscheiden ist (d.h. für Wohnanlagen und Mehrfamilienhäuser). Bei Einfamilienhäusern werden außer Bauten im klassischen Stil noch Bauten im ökologischen und rationalen Stil durchaus häufig präferiert. Dies mag auch an den Bildern gelegen haben, welche den Probanden vorgelegt wurden, die „ganz normale" Giebelhäuser zeigten. Eine weitere Häufung von Nennungen findet sich beim funktionalen Stil (Bauhaus-Stil). Dieser zeichnet sich bekanntlich durch Flachdächer und nicht ornamentierte, karge Flächen aus (S. Abb. 6). Wie Graphik 1 zeigt, wird bei Einfamilienhäusern dieser Stil durchaus häufig präferiert, während bei Mehrfamilienhäusern und Wohnanlagen gerade dieser Stil am meisten abgelehnt wird und mit 1% bzw. 2% die niedrigsten Zustimmungsquoten erhält. Was könnte dafür die Erklärung sein?

Eine Erklärung könnte darin liegen, dass der funktionale Stil im Einfamilienhausbereich eingeführt und durch seinen Bezug zum renommierten Bauhaus als etwas Besonderes anerkannt ist. Einfamilienhausbesitzer möchten sich möglicherweise aus der Masse herausheben und Aufmerksamkeit erringen. Der Bauhausstil ist als Stil der Gebildeten und Besserverdienenden anerkannt. Er hat Signalfunktion. Häuser im funktionalen Stil stehen deshalb vorwiegend nicht nebeneinander, sondern als Solitäre neben Häusern in anderen Stilen. Gerade dadurch heben sich die Hausherren heraus. Aber das kann natürlich die Homogenität des Ensembles zerstören und zu einer Wertminderung der Häuser der Straße insgesamt führen.

18

Für Wohnanlagen gelten diese Gründe naturgemäß weniger, denn einzelne Wohnungen lassen sich nicht herausheben. Für große Baumassen eignet sich der funktionale Stil wenig, weil monotone, wenig gestaltete, keine Ornamentik aufweisende riesige Flächen entstehen, die, wie die vorliegende Untersuchung zeigt, stark abgelehnt werden.

IV.4 Zahlungsbereitschaften

Im Folgenden soll gezeigt werden, in welchem Maße die Menschen bereit sind, für die präferierten Varianten etwas zu bezahlen.

Es gibt mehrere wissenschaftliche Verfahren, Zahlungsbereitschaften für Wirtschaftsgüter zu ermitteln. Wie die Literatur zeigt, ist keines dieser Verfahren unproblematisch. Eines der Probleme ist die Differenz zwischen der „Willingness to Pay" und der „Willingness to Accept". Damit ist Folgendes gemeint: Menschen messen i.d.R. Gütern, welche sie anschaffen wollen, einen geringeren monetären Wert bei als Gütern, die sich bereits in ihrem Besitz befinden. Das bedeutet für den vorliegenden Fall: wenn man die Geldbeträge abfragt, die Menschen aufzuwenden bereit wären, um die präferierte Lösung zu erhalten, liegt ein „Willingness to Pay"-Fall (WtP) vor und man erhält tendenziell zu niedrige Werte. Der „Willingness to Accept"-Fall (WtA) ist schwierig abzufragen, da man die Probanden in eine relativ unrealistische Entscheidungssituation versetzen müsste (z.B. Aufgabe einer Wohnung in einer präferierten Straße gegen eine Entschädigung). Daher wurden generell WtP ermittelt und um die geschätzte Abweichung von der tatsächlichen Zahlungsbereitschaft adjustiert.[4]

Betrachtet man die Zahlungsbereitschaften für die einzelnen Stilelemente, dann ist festzustellen, dass diese grosso modo im Mittel mit den Kosten[5] kompatibel sind. D.h. im Mittel würden sich alle gewünschten Stilelemente bauseitig bewerkstelligen lassen.

Allerdings ist die Zahlungsbereitschaft über die Probanden sehr ungleich verteilt. Es sei in Erinnerung gerufen, dass der Wunsch der Menschen nach Stil im Prinzip für *alle* Menschen recht ähnlich ausgestaltet ist. Die Zahlungsbereitschaft ist aber durchaus unterschiedlich. Die Zahlungsbereitschaft erreicht nur für einen Teil der Probanden die Höhe, die notwendig ist, die Kosten der präferierten Stilelemente zu tragen. Nicht verwunderlich ist, dass die drei befragten Obdachlosen, deren Stilpräferenz sich der Art nach nicht von der aller anderen Probanden unterschied, keinerlei Zahlungsbereitschaft äußerten. Aber auch andere Probanden zeigten eine geringe Zahlungsbereitschaft. Die folgende Graphik 2 zeigt, wie die Zahlungsbereitschaften (durchschnittlich über alle Untersuchungsfragen) über die Probanden verteilt sind.

---

[4] Mit Hilfe einer Kontrollfrage wurde zu einem Stilelement zusätzlich zur WtP auch die WtA ermittelt. Dabei ergaben sich in vielen Fällen Differenzen, so dass die in der Literatur aufgeführten Probleme tendenziell auch in der vorliegenden Befragung zum Tragen kommen. Zur Anpassung der WtP an die tatsächlichen Zahlungsbereitschaften wurden auf die WtP ein Aufschlag in Höhe der hälftigen WtP-WtA-Differenz vorgenommen. Die hier vorliegenden Zahlenangaben beziehen sich grundsätzlich auf die geschätzten tatsächlichen („adjustierte") Zahlungsbereitschaften.

[5] Der Vergleich zwischen Zahlungsbereitschaft und Kosten erfolgte immer für die jeweils meistpräferierte Variante.

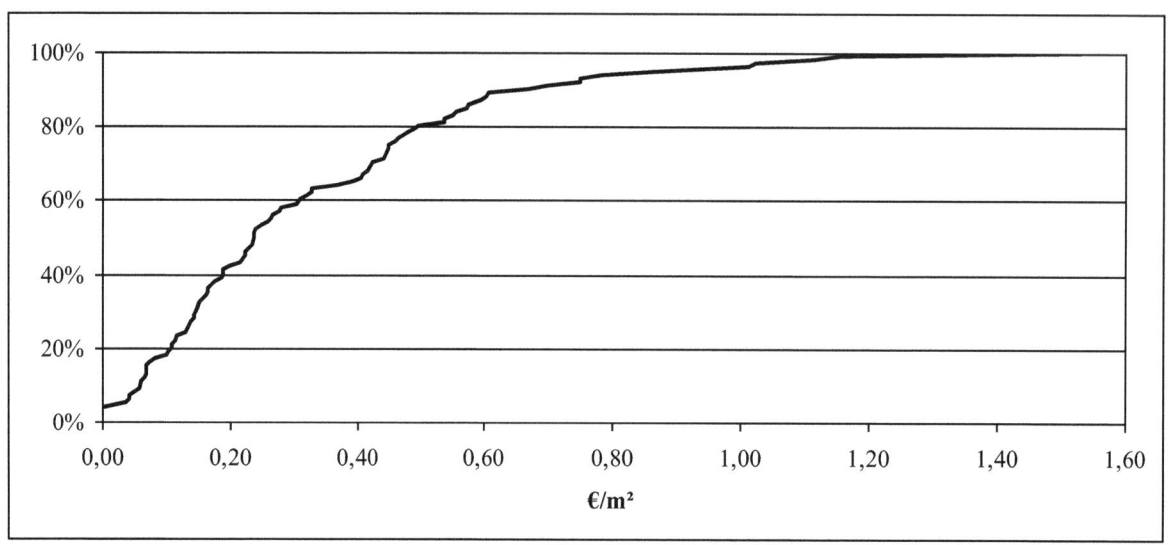

Graphik 2: durchschnittlichen Zahlungsbereitschaften der Probanden

Bei den Elementen der Perspektive „im Gebäude" können im Mittel über alle Stilelemente etwa 50% der Probanden mit ihren präferierten Lösungen bedient werden. Bei einzelnen eher kostengünstigen Stilelementen können aber auch bis zu 91% der Menschen bedient werden. Im Vergleich zu den Kosten ist die Zahlungsbereitschaft hoch bei: Bodenbelägen, Türgestaltungen, Fensteraufteilungen und einzelnen Stuckelementen.

Für die Perspektive „am Gebäude" ist der Anteil der Probanden, der bedient werden kann, größer als für die Perspektive „im Gebäude". Die Menschen sind in Bezug auf die Außengestaltung einer Immobilie bereit, relativ viel zu bezahlen. Vergleichsweise hoch (relativ zu den Kosten) ist die Zahlungsbereitschaft bei Fenstern und Türen, bestimmten Fassadenelementen, der Dachdeckung, Balkonen, Erkern und Außentreppen.

In der Perspektive des „Gebäudekontextes" wurde die höchste Zahlungsbereitschaft geäußert für die Verhinderung einer Hochhausbebauung, einer Gewerbeeinrichtung und eines Sanierungsfalles im Umfeld der eigenen Immobilie. Für sonstige Fälle, welche die Homogenität der Bebauung im Umfeld der Immobilie sichern, ist die Zahlungsbereitschaft ähnlich hoch, wie für die oben genannten Elemente der Perspektive „am Gebäude". D.h. der Homogenität der Bebauung im Umfeld der eigenen Immobilie wird etwa so viel Wert beigemessen, wie der Außengestaltung (der eigenen Immobilie).

Auch in Bezug auf die Zahlungsbereitschaft wurden Einflüsse einzelner Persönlichkeitsmerkmale untersucht:

- *Einkommen* – Im Schnitt steigt die Zahlungsbereitschaft in jeder Stilperspektive mit dem Einkommen an. Diese Unterschiede sind im Allgemeinen statistisch signifikant. Dabei ist im Mittel die Zahlungsbereitschaft der oberen Einkommensschicht um 55% bis 85% höher als die der unteren Einkommensschicht. Eine Zunahme der Zahlungsbereitschaft mit der Einkommensschicht entspricht den Erwartungen.

- *Alter* – Sortiert man die Befragten nach Altersklassen, ergibt sich ein überraschendes Bild: Es sind die jüngeren, die eine höhere Zahlungsbereitschaft aufweisen. Dies gilt für alle Stilperspektiven. Die Differenz der Zahlungsbereitschaften ist signifikant für

20

alle drei Perspektiven. Es gibt keine auffälligen Korrelationen, d.h. das Alter ist ein Faktor, der für sich selbst steht.

- *Geschlecht* – Differenzen in der Zahlungsbereitschaft zwischen Männern und Frauen sind vorhanden, aber nicht signifikant. Frauen haben eine leicht höhere Zahlungsbereitschaft als Männer.

- *Bildungsgrad* – Sehr interessant ist die Aufgliederung der Probanden nach den höchsten Bildungsabschlüssen. Es wurde zwischen Hauptschul-, Realschul-, Gymnasial- und Hochschulabschlüssen unterschieden. Die Zahlungsbereitschaft steigt mit dem Bildungsgrad an, wobei die Unterschiede signifikant sind. Bei den Probanden mit Hochschulabschluss ist die Zahlungsbereitschaft doppelt so hoch wie bei denjenigen mit Hauptschulabschlüssen. Zu einem kleinen Teil ist dieser Effekt mit dem oben erwähnten Einkommenseffekt erklärbar. Es muss aber weitere Gründe geben.

Neben dem Einfluss verschiedener Persönlichkeitsmerkmale auf die Zahlungsbereitschaft wurde schließlich auch der Zusammenhang zwischen den Zahlungsbereitschaften für Stilelemente im und am Gebäude und im Gebäudekontext untersucht. Im Ergebnis besteht ein hoch signifikanter Zusammenhang zwischen den Zahlungsbereitschaften für die einzelnen Perspektiven. D.h. die Probanden, die aufwändige Gestaltungselemente in der Wohnung wünschen, bevorzugen auch eine ansprechende und homogene Situation der Immobilie im Kontext anderer Immobilien.

V. Zusammenfassung und Schlussfolgerungen

Angesichts einer stagnierenden oder gebietsweise sogar schrumpfenden Bevölkerung in Deutschland kann es bei Wohnimmobilien schwieriger werden, auf einen Markt zu treffen. Dies hat Fragen nach dem Wert einer ästhetischen Gestaltung von Immobilien als wertbeeinflussendem Faktor aufgeworfen.

Unsere empirische Untersuchung führte zu folgenden Ergebnissen:

- Es existiert ein Bedürfnis nach Stil, das prinzipiell unabhängig vom Einkommen, Alter, Bildungsgrad oder Geschlecht ist. Dieses Bedürfnis ist offenbar einfach „menschlich".

- Hinsichtlich der Gestaltungsformen, die bevorzugt werden, gibt es gewisse Unterschiede von Person zu Person. Diese Unterschiede sind aber erstaunlich gering. Es lässt sich sagen, dass Stilpräferenzen nicht sehr individuell sind. Das würde es der Bauindustrie ermöglichen – wenn sie das Stilbedürfnis der Menschen aufgriffe –, standardisierte Lösungen zu erarbeiten.

- Das Bedürfnis nach Stil schlägt sich in Zahlungsbereitschaften nieder, die durchaus heterogen sind und mit Einkommen und Bildungsgrad zunehmen und mit dem Alter abnehmen. Die Menschen unterscheiden sich also weniger in ihrem Bedürfnis nach Stil als in ihren Möglichkeiten oder ihrer Bereitschaft, für Stil zu bezahlen.

21

- Es besteht ein sehr starker Wunsch nach Homogenität von Immobilienensembles (Kontextsicht). Daraus sind wichtige Konsequenzen ableitbar: Baulücken sollten nicht solitär, sondern kontextbezogen gefüllt werden. Der Wunsch von Bauherren, sich zu verwirklichen und Solitäre, d.h. vom Kontext abweichende Gebäude zu errichten, um aufzufallen, mindert den Wert der übrigen Immobilien des Ensembles. Dabei reagieren die Menschen sehr empfindlich auf die Gebäudegröße. Gerade bei größeren Gebäuden ist folglich ganz besonders darauf zu achten, dass sie sich gut in den Kontext einpassen.

- In Bezug auf unterschiedliche Architekturtrends zeigt sich eine starke Präferenz für den klassischen Stil, die mit der Größe der Gebäudemassen zunimmt. Bei anderen Architekturtrends besteht hier insbesondere die Gefahr, dass große, ungestaltete Flächen entstehen, die im Allgemeinen abgelehnt werden.

Aufgrund der in der Untersuchung nachgewiesenen erheblichen Bedeutung von Stil bei Immobilien gehen wir davon aus, dass sich das Interesse an Stil und seinen Wirkungsweisen in der Forschung und der Praxis erhöhen dürfte.

Bauherren müssen sich des Einflusses von Stil auf den Immobilienwert bewusst werden und in stilistischer Hinsicht angemessene Lösungen beauftragen, auch wenn diese zunächst etwas mehr kosten. Architekten müssen mehr Sicherheit in Stilfragen bekommen. Es müsste an Universitäten mehr Stilkunde unterrichtet werden. Das Ideal des Architekten darf nicht der monolithische Bau als Einzeldenkmal sein, sondern die Herstellung einer Harmonie mit dem Bestehenden. Dabei darf aber keine Langeweile entstehen. Menschen wollen Abwechslung. Die Kunst liegt darin, Homogenität im Großen zu schaffen und im Kleinen gleichzeitig ausreichend zu variieren.

Bildnachweis:

Umschlagbild: Haus Winter, Hamburg, Architekt Jacob Siemonsen – Foto: Jacob Siemonsen

Seite 1: Etagenwohnhaus Berlin-Weißensee, Architekt Marc Kocher – Foto: Marc Kocher

Alle anderen Abbildungen im Eigentum der Autoren

Die Autoren:

Nicolai Alexander Mader ist Real Estate Investment Manager bei HANSAINVEST, Hanseatische Investment-GmbH, Hamburg

Prof. Dr. Friedrich Thießen ist Inhaber des Lehrstuhls für Finanzwirtschaft und Bankbetriebslehre an der Technischen Universität Chemnitz, Fakultät für Wirtschaftswissenschaften, Chemnitz

Impressum

Herausgeber: Stadtbild Deutschland e.V.
(www.stadtbild-deutschland.org)
Vorstandsvorsitzender: Dr. Harald Streck, Hohenstein 16, 71540 Murrhardt
e.mail: haraldstreck@gmail.com
Herstellung und Verlag BoD – Books on Demand, Norderstedt
ISBN 978-3-7460-9887-6
Erscheinungsjahr 2018